눈 으로 보고   귀 로 듣고   입 으로 따라하는

新 니하오

어린이 국어 발음

쓰기노트

J PLUS

Language Publishing Co.

병음을 쓰면서 발음과 단어를 익혀 보세요.

ā

‘솔’의 음높이로 길게 발음합니다.

ā

 妈 엄마
mā

 八 숫자 8
bā

á

‘미’음에서 ‘솔’음 정도로 올리며 발음합니다.

á

 麻 마
má

 拔 뽑다
bá

ǎ

‘레’에서 ‘도’ 다시 ‘파’정도로 음을 내렸다 올리며 발음합니다.

ǎ

 马 말
mǎ

 把 잡다
bǎ

à

‘솔’음에서 ‘도’음으로 급격히 내리며 발음합니다.

à

 骂 꾸짖다
mà

 爸 아빠
bà

🌸 정확한 발음과 성조를 기억하며 문제를 풀어 보세요.

1. 빈칸에 들어갈 알맞은 병음을 쓰세요.

① 엄마   m + ⬜ = _____

② 아빠   b + ⬜ = _____

③ 말   m + ⬜ = _____

2. 단어를 큰소리로 읽고 몇 성인지 선으로 연결하세요.

① 一   ② 四   ③ 十   ④ 五

3. 잘 듣고 알맞은 성조를 숫자로 쓰세요. 🎧 Track 01

① ⬜   ② ⬜   ③ ⬜   ④ ⬜

병음을 쓰면서 발음과 단어를 익혀 보세요.

1성 뒤에 경성

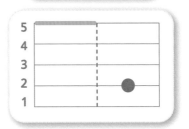

(妈)(妈) 엄마

māma

_____

2성 뒤에 경성

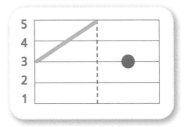

(爷)(爷) 할아버지

yéye

_____

3성 뒤에 경성

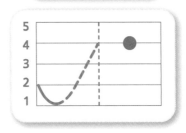

(姐)(姐) 언니, 누나

jiějie

_____

4성 뒤에 경성

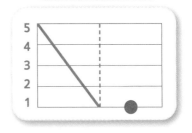

(弟)(弟) 남동생

dìdi

_____

⭐ 정확한 발음과 성조를 기억하며 문제를 풀어 보세요.

1. 빈칸에 들어갈 알맞은 병음을 쓰세요.

❶ 엄마

mām + ⬜ = _____

❷ 할아버지

yéy + ⬜ = _____

❸ 아빠

bàb + ⬜ = _____

2. 주어진 단어를 큰 소리로 읽고 단어의 음높이를 표시해 보세요.

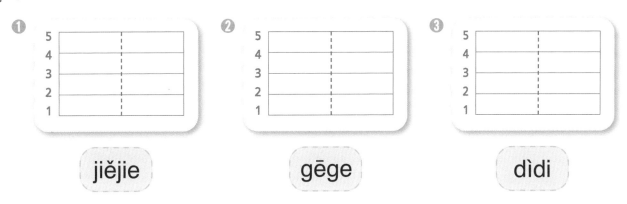

❶ jiějie

❷ gēge

❸ dìdi

3. 그림을 보고 빈칸에 알맞은 병음을 써 넣으세요.

❶ m⬜ m⬜

❷ b⬜ b⬜

❸ y⬜ y⬜

병음을 쓰면서 발음과 단어를 익혀 보세요.

a

입을 크게 벌리고, 우리말의 '아'처럼 발음합니다.

ā á ǎ à

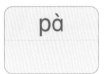
pà

怕 무서워 하다

o

입은 반쯤 벌리고, 입 모양은 둥글게 해서 우리말의 '어'처럼 발음합니다.

ō ó ǒ ò

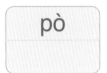
pò

破 깨다

e

입을 약간 벌리고, 우리말의 '(으)어'처럼 발음합니다.

ē é ě è

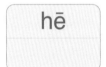
hē

喝 마시다

i

입술을 양 옆으로 길게 벌려, 우리말의 '이'처럼 발음합니다.

ī í ǐ ì

nǐ

你 너

u

입술을 둥글게 오므리고 앞으로 내밀면서, 우리말의 '우'처럼 발음합니다.

ū ú ǔ ù

kū

哭 울다

ü

'u'와 같은 입 모양을 하고 우리말의 '위'처럼 발음합니다.

ǖ ǘ ǚ ǜ

lǜsè

绿色 녹색

⭐ 정확한 발음과 성조를 기억하며 문제를 풀어 보세요.

1. 빈칸에 들어갈 알맞은 병음을 쓰세요.

① 마시다   ② 너   ③ 무서워하다

h + ⬚ = _____   n + ⬚ = _____   p + ⬚ = _____

2. 그림을 보고 알맞은 병음에 ◯ 하세요.

① k | ǔ / ū |

② l | ù / ǜ | sè

3. 잘 듣고 그림에 알맞은 병음을 고르세요. 🎧 Track 02

p ⎯ ō
  ⎯ ó
  ⎯ ǒ
  ⎯ ò

병음을 쓰면서 발음과 단어를 익혀 보세요.

우리말의 'ㅃ' 또는 'ㅂ'으로 발음합니다.

b

 拔牙 이를 뽑다

báyá

百 100

bǎi

우리말의 'ㅍ'처럼 발음합니다.

p

 跑步 달리다

pǎobù

苹果 사과

píngguǒ

우리말의 'ㅁ'처럼 발음합니다.

m

 买 사다

mǎi

慢 느리다

màn

영어의 'f'처럼 발음합니다.

f

 蜂蜜 꿀

fēngmì

房间 방

fángjiān

🌸 정확한 발음과 성조를 기억하며 문제를 풀어 보세요.

1. 빈칸에 들어갈 알맞은 병음을 쓰세요.

❶ 꿀   ◻ + ēngmì

❷ 100   ◻ + ǎi

❸ 사다   ◻ + ǎi

2. 맞는 병음을 고르고 큰 소리로 읽어 보세요.

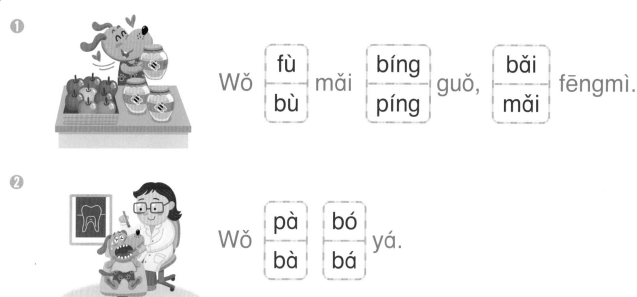

❶ Wǒ ⎡fù / bù⎤ mǎi ⎡bíng / píng⎤ guǒ, ⎡bǎi / mǎi⎤ fēngmì.

❷ Wǒ ⎡pà / bà⎤ ⎡bó / bá⎤ yá.

3. 잘 듣고 빈칸에 알맞은 병음을 쓰세요. 🎧 Track 03

❶ ◯ǎo ◯ù

❷ ◯áyá

❸ ◯àn

병음을 쓰면서 발음과 단어를 익혀 보세요.

d

우리말의 'ㄸ' 또는 'ㄷ'로 발음합니다.

都 모두

dōu

登山 등산

dēngshān

t

우리말의 'ㅌ'처럼 발음합니다.

跳舞 춤을 추다

tiàowǔ

天气 날씨

tiānqì

n

우리말의 'ㄴ'처럼 발음합니다.

鸟 새

niǎo

牛奶 우유

niúnǎi

l

우리말의 'ㄹ'처럼 발음합니다.

老师 선생님

lǎoshī

累 피곤하다

lèi

✦ 정확한 발음과 성조를 기억하며 문제를 풀어 보세요.

1. 빈칸에 들어갈 알맞은 병음을 쓰세요.

① ☐ + èi = _____

② ☐ + ōu = _____

③ ☐ + iǎo = _____

2. 빈칸에 공통으로 들어갈 병음을 쓰세요.

① ☐ iàowǔ   ☐ iānqì

☐

② ☐ ēngshān   ☐ ōu

☐

3. 잘 듣고 알맞은 발음에 ✔ 하세요. 🎧 Track 04

① liúnǎi ▢
   niúnǎi ▢
   diúnǎi ▢

② dēngshān ▢
   tēngshān ▢
   lēngshān ▢

병음을 쓰면서 발음과 단어를 익혀 보세요.

g

우리말의 'ㄲ' 혹은 'ㄱ'처럼 발음합니다.

 高 키가 크다

gāo

 贵 비싸다

guì

k

우리말의 'ㅋ'처럼 발음합니다.

裤子 바지

kùzi

可爱 귀엽다

kě'ài

h

우리말의 'ㅎ'처럼 발음합니다.

 老虎 호랑이

lǎohǔ

韩国 한국

Hánguó

★ 정확한 발음과 성조를 기억하며 문제를 풀어 보세요.

1. 빈칸에 들어갈 알맞은 병음을 쓰세요.

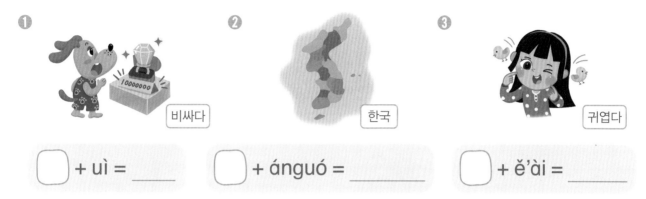

① 비싸다   ② 한국   ③ 귀엽다

☐ + uì = _____   ☐ + ánguó = _____   ☐ + ě'ài = _____

2. 사다리를 따라가서 빈칸의 병음을 완성하세요.

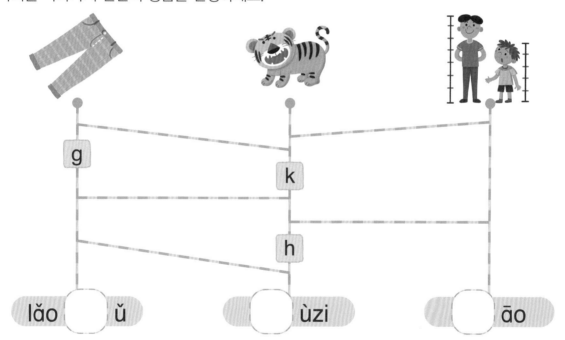

g   k   h

lǎo ☐ ǔ   ☐ ùzi   ☐ āo

3. 잘 듣고 알맞은 병음을 골라 ◯ 하세요. 🎧 Track 05

g | h āo

병음을 쓰면서 발음과 단어를 익혀 보세요.

우리말의 'ㅉ' 혹은 'ㅈ'처럼 발음합니다.

j

几 몇

jǐ

剪刀 가위

jiǎndāo

q

우리말의 'ㅊ'처럼 발음합니다.

去 가다

qù

钱 돈

qián

x

우리말의 'ㅆ' 혹은 'ㅅ'처럼 발음합니다.

香水 향수

xiāngshuǐ

星期 요일

xīngqī

정확한 발음과 성조를 기억하며 문제를 풀어 보세요.

1. 빈칸에 들어갈 알맞은 병음을 쓰세요.

❶ [ ] + ǐ = _____   몇

❷ [ ] + īngqī = _____   요일

❸ [ ] + ián = _____   돈

2. 빈칸에 들어갈 병음이 다른 것을 골라 ✓ 하세요.

❶ [ ] iǎndāo   [ ] ǐ   [ ] īngqī

❷ [ ] iāngshuǐ   [ ] ián   [ ] ù

3. 잘 듣고 빈칸에 들어갈 병음을 쓰세요. 🎧 Track 06

[ ] īntiān [ ] īng [ ] ī [ ] ǐ?

[ ] īntiān [ ] īng [ ] īsān.

병음을 쓰면서 발음과 단어를 익혀 보세요.

zh

혀 끝을 살짝 올리고, 우리 말의 'ㅈ'처럼 발음합니다.

 站 서다

zhàn

 中国 중국

Zhōngguó

ch

혀 끝을 살짝 올리고, 우리 말의 'ㅊ'처럼 발음합니다.

船 배

chuán

自行车 자전거

zìxíngchē

sh

혀 끝을 살짝 올리고, 우리 말의 'ㅅ'처럼 발음합니다.

什么 무엇

shénme

书 책

shū

r

'sh'와 같은 방법으로 성 대를 울리면서 소리를 냅 니다.

热 덥다

rè

日本 일본

Rìběn

정확한 발음과 성조를 기억하며 문제를 풀어 보세요.

1. 빈칸에 들어갈 알맞은 병음을 쓰세요.

❶  배

❷  책

❸  덥다

☐ + uán = _____   ☐ + ū = _____   ☐ + è = _____

2. 맞는 글자를 고르세요.

❶

❷

❸

zhàn | zhān   sénme | shénme   Rìběn | Lìběn

3. 잘 듣고 내용에 알맞은 말을 고르세요. Track 07

❶

❷

Zhè shì chuán. ☐   Tā shì Zhōngguórén. ☐

Zhè shì zìxíngchē. ☐   Tā shì Rìběnrén. ☐

⭐ 병음을 쓰면서 발음과 단어를 익혀 보세요.

Z

혀끝을 윗니 뒤에 댔다가 떼면서 우리말의 'ㅉ' 혹은 'ㅈ'처럼 발음합니다.

脏 더럽다

zāng

怎么样 어때?

zěnmeyàng

C

혀끝을 윗니 뒤에 댔다가 떼면서 우리말의 'ㅊ'처럼 발음합니다.

草莓 딸기

cǎoméi

词典 사전

cídiǎn

S

혀끝을 윗니 뒤에 댔다가 떼면서 우리말의 'ㅆ' 혹은 'ㅅ'처럼 발음합니다.

岁 ~살

suì

打扫 청소하다

dǎsǎo

정확한 발음과 성조를 기억하며 문제를 풀어 보세요.

1. 빈칸에 들어갈 알맞은 병음을 쓰세요.

❶ 더럽다   ◯ + āng = _____

❷ 사전   ◯ + ídiǎn = _____

❸ 청소하다   dǎ + ◯ + ǎo = _____

2. 빈칸에 들어갈 알맞은 병음을 고르세요.

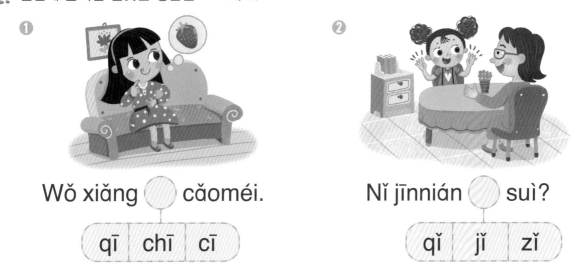

❶ Wǒ xiǎng ◯ cǎoméi.

| qī | chī | cī |

❷ Nǐ jīnnián ◯ suì?

| qǐ | jǐ | zǐ |

3. 잘 듣고 그림에 알맞은 병음을 고르세요. Track 08

zhěnmeyàng ◻

zěnmeyàng ◻

병음을 쓰면서 발음과 단어를 익혀 보세요.

ai

우리말의 '아이'처럼 발음합니다.

愛 사랑하다

ài

海 바다

hǎi

ao

우리말의 '아오'처럼 발음합니다.

报 신문

bào

早上 아침

zǎoshang

an

우리말의 '안'처럼 발음합니다.

看 보다

kàn

山 산

shān

ang

우리말의 '앙'처럼 발음합니다.

糖 사탕

táng

胖 뚱뚱하다

pàng

✦ 정확한 발음과 성조를 기억하며 문제를 풀어 보세요.

1. 빈칸에 들어갈 알맞은 병음을 쓰세요.

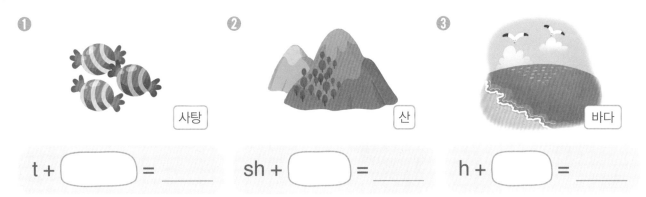

❶ 사탕

t + ⬭ = ____

❷ 산

sh + ⬭ = ____

❸ 바다

h + ⬭ = ____

2. 그림 힌트를 보고 퍼즐을 완성하세요.

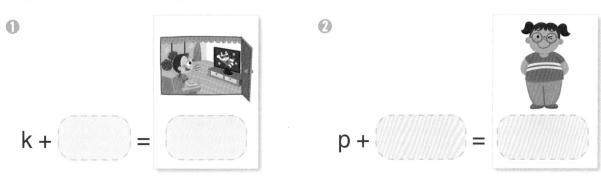

❶

k + ⬭ = ⬭

❷

p + ⬭ = ⬭

3. 잘 듣고 중간에 들어갈 병음을 쓰세요. 🎧 Track 09

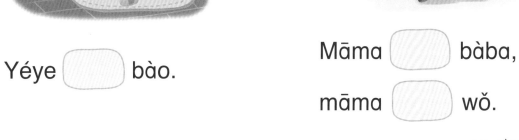

❶

Yéye ⬭ bào.

❷

Māma ⬭ bàba,

māma ⬭ wǒ.

⭐ 병음을 쓰면서 발음과 단어를 익혀 보세요.

우리말의 '어우'처럼 발음
합니다.

ou

头 머리

tóu

小狗 강아지

xiǎogǒu

口渴 목이 마르다

kǒukě

입술을 둥글게 해서 우리
말의 '옹'처럼 발음합니다.

ong

痛 아프다

tòng

冬天 겨울

dōngtiān

空调 에어컨

kōngtiáo

정확한 발음과 성조를 기억하며 문제를 풀어 보세요.

1. 빈칸에 들어갈 알맞은 병음을 쓰세요.

① 머리

t + ⬡ = _____

② 아프다

t + ⬡ = _____

③ 강아지

xiǎo + g⬡ = _____

2. 빈칸에 들어갈 알맞은 병음의 기호를 쓰세요.

① Xiǎog⬡ k⬡ kě.

② Nǎinai t⬡ t⬡.

3. 잘 듣고 성조를 표시하세요. 🎧 Track 10

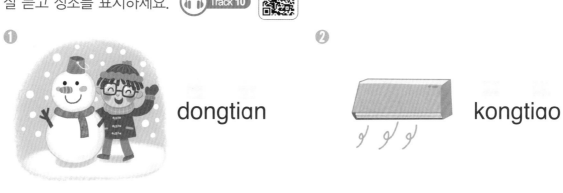

① dongtian

② kongtiao

🌟 병음을 쓰면서 발음과 단어를 익혀 보세요.

ei

ei

우리말의 '에이'처럼 발음
합니다.

 飞机 비행기

fēijī

  没有 없다

méiyǒu

en

en

우리말의 '언'처럼 발음합
니다.

 很 매우

hěn

本子 노트

běnzi

eng

eng

우리말의 '엉'처럼 발음합
니다.

冷 춥다

lěng

 等 기다리다

děng

★ 정확한 발음과 성조를 기억하며 문제를 풀어 보세요.

1. 빈칸에 들어갈 알맞은 병음을 쓰세요.

❶ 매우

❷ 비행기

❸ 기다리다

h + ⬡ = _____   f + ⬡ + jī = _____   d + ⬡ = _____

2. 빈칸에 들어갈 병음을 골라 연결하세요.

❶ b ⬡ zi
   •

❷ m ⬡ yǒu
   •

❸ l ⬡
   •

• ěng   • ěn   • éi

3. 잘 듣고 잘못 쓰여진 병음을 찾아 바르게 고치세요. Track 11

❶ Dōngtiān hěng lěng.
   ⓐ   ⓑ   ⓒ   ⓓ
⬡ ···▶ _____

❷ Gēge máiyǒu běnzi.
   ⓐ   ⓑ   ⓒ ⓓ
⬡ ···▶ _____

⭐ 병음을 쓰면서 발음과 단어를 익혀 보세요.

우리말의 '이야'처럼 발음 합니다.

 家 집

jiā

夏天 여름

xiàtiān

우리말의 '이아오'처럼 발 음합니다.

漂亮 예쁘다

piàoliang

手表 손목시계

shǒubiǎo

우리말의 '이에'처럼 발음 합니다.

谢谢 고맙습니다

xièxie

地铁 지하철

dìtiě

iu (iou)

우리말의 '이어우'처럼 발 음합니다.

有 있다

yǒu

秋天 가을

qiūtiān

정확한 발음과 성조를 기억하며 문제를 풀어 보세요.

1. 빈칸에 들어갈 알맞은 병음을 쓰세요.

❶ 집

j + ⬭ = _____

❷ 있다

y + ⬭ = _____

❸ 지하철

dì + t + ⬭ = _____

2. 힌트를 보고 암호를 풀어 보세요.

보기 ⓐ t ⓑ iǎo ⓒ iān ⓓ ǒu ⓔ iū ⓕ q ⓖ sh ⓗ b ⓘ x ⓙ ià

❶ ⓘⓙⓐⓒ

_____

❷ ⓕⓔⓐⓒ

_____

❸ ⓖⓓⓗⓑ

_____

3. 잘 듣고 알맞은 병음에 ◯ 하세요. 🎧 Track 12

❶ Xià | Xiè xie!

❷ Māma piòu | piào liang,
jiějie yě piàoliang.

Unit 14 ian in iang ing iong

병음을 쓰면서 발음과 단어를 익혀 보세요.

ian
ian

우리말의 '이엔'처럼 발음합니다.

再见 잘 가
zàijiàn

in
in

우리말의 '인'처럼 발음합니다.

今天 오늘
jīntiān

iang
iang

우리말의 '이앙'처럼 발음합니다.

想 ~하고 싶다
xiǎng

ing
ing

우리말의 '잉'처럼 발음합니다.

听 듣다
tīng

iong
iong

우리말의 '이옹'처럼 발음합니다.

熊猫 판다
xióngmāo

⭐ 정확한 발음과 성조를 기억하며 문제를 풀어 보세요.

1. 빈칸에 들어갈 알맞은 병음을 쓰세요.

❶ 잘 가
❷ 판다
❸ 오늘

zàij + ⬚ = _____   x ⬚ + māo = _____   jīnt + ⬚ = _____

2. 빈칸에 알맞은 병음을 써서 퍼즐을 완성하세요. (성조는 무시해도 됩니다.)

```
          ❷
          x
  ❶
  j
      ❸ z  ☐  ☐  ☐  ☐  ☐
  ❹ t  ☐



```

❶ 🔊 今天 오늘

❷ 🔊 想 ~하고 싶다

❸ ☞ 再见 잘 가

❹ ☞ 听 듣다

3. 잘 듣고 빈칸에 들어갈 알맞은 병음을 골라 기호를 쓰세요. 🎧 Track 13

보기 ⓐ īn   ⓑ īng   ⓒ ǐng   ⓓ iǎng

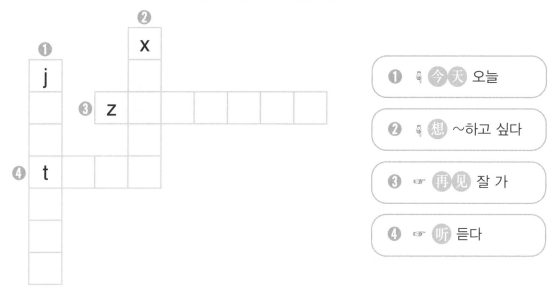

❶ Dìdi t⬚ y⬚ yuè.   ❷ Míngming x⬚ kàn diàny⬚.

🌟 병음을 쓰면서 발음과 단어를 익혀 보세요.

ua

우리말의 '우아'처럼 발음합니다.

ua

袜子 양말

wàzi

刮风 바람불다

guāfēng

uo

우리말의 '우오'처럼 발음합니다.

uo

作业 숙제

zuòyè

我 나

wǒ

uai

우리말의 '우아이'처럼 발음합니다.

uai

外边 바깥

wàibian

帅 멋있다

shuài

ui (uei)

우리말의 '우에이'처럼 발음합니다.

ui

喂 여보세요

wéi

对不起 죄송해요

duìbuqǐ

정확한 발음과 성조를 기억하며 문제를 풀어 보세요.

1. 빈칸에 들어갈 알맞은 병음을 쓰세요.

① 양말
② 숙제
③ 멋있다

⬜ + zi = _____　　z + ⬜ + yè = _____　　sh + ⬜ = _____

2. 밑줄 친 발음과 같은 소리가 나는 병음을 보기에서 골라 기호를 쓰세요.

보기　ⓐ ua　ⓑ uo　ⓒ uai　ⓓ ui

① wo ···▸ ⬜
② wei ···▸ ⬜
③ waibian ···▸ ⬜
④ wazi ···▸ ⬜

3. 잘 듣고 빈칸에 들어갈 병음을 쓰세요. 🎧 Track 14

① Wàibian g⬜ f⬜.

② Bàba hěn sh⬜,
mǎma hěn p⬜ liang.

Unit 16 uan un uang ueng

병음을 쓰면서 발음과 단어를 익혀 보세요.

uan

uan

우리말의 '우안'처럼 발음합니다.

 没关系 괜찮아

méi guānxi

 喜欢 좋아하다

xǐhuan

un (uen)

un

우리말의 '우언'처럼 발음합니다.

 春天 봄

chūntiān

 结婚 결혼

jiéhūn

uang

uang

우리말의 '우앙'처럼 발음합니다.

 窗户 창문

chuānghu

 黄色 노란색

huángsè

ueng

ueng

우리말의 '우엉'처럼 발음합니다.

 翁 노인

wēng

 瓮 항아리

wèng

정확한 발음과 성조를 기억하며 문제를 풀어 보세요.

1. 빈칸에 들어갈 알맞은 병음을 쓰세요.

❶ 좋아하다   ❷ 노란색   ❸ 결혼

xǐh + ⬚ = _____   h + ⬚ + sè= _____   jiéh + ⬚ = _____

2. 틀린 부분을 찾아 고쳐 보세요.

❶   ❷

Méi guenxi!   Wǒ hěn xǐhuan chūentiān.

⋯▸ _____   ⋯▸ _____

3. 잘 듣고 빈칸에 들어갈 병음을 쓰세요. Track 15

❶   ❷   ❸

xǐ ⬚   ⬚ tiān   ⬚ sè

병음을 쓰면서 발음과 단어를 익혀 보세요.

üe

우리말의 '위에'처럼 발음 합니다.

 공부하다

xuéxí

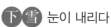 눈이 내리다

xiàxuě

ün

우리말의 '윈'처럼 발음합 니다.

 치마

qúnzi

运动 운동

yùndòng

üan

우리말의 '위엔'처럼 발음 합니다.

 말다,감다

juǎn

远 멀다

yuǎn

🌸 정확한 발음과 성조를 기억하며 문제를 풀어 보세요.

1. 빈칸에 들어갈 알맞은 병음을 쓰세요.

❶ 멀다

❷ 공부하다

❸ 치마

y + ☐ = _____   x + ☐ + xí = _____   q + ☐ + zi = _____

2. 그림을 보고 알맞은 동작을 보기에서 골라 써 넣으세요.

보기   xuéxí   qúnzi   xiàxuě   yùndòng

Gēge xǐhuan _____,

wǒ xǐhuan _____.

3. 잘 듣고 맞는 발음에 ✔ 하세요. 🎧 Track 16

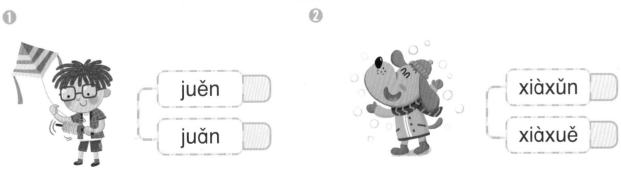

❶
juěn ☐
juǎn ☐

❷
xiàxǔn ☐
xiàxuě ☐

병음을 쓰면서 발음과 단어를 익혀 보세요.

우리말의 '얼'처럼 발음합니다.

er

二月 2월

èr yuè

二十号 20일

èrshí hào

耳朵 귀

ěrduo

女儿 딸

nǚ'ér

儿童节 어린이날

értóngjié

⭐ 정확한 발음과 성조를 기억하며 문제를 풀어 보세요.

1. 빈칸에 들어갈 알맞은 병음을 쓰세요.

❶ 귀

❷ 2월

❸ 딸

◯ + duo = ěrduo

◯ + yuè = èr yuè

nǚ + ◯ = nǚ'ér

2. 밑줄 친 부분에 해당하는 한자를 보기에서 골라 기호를 쓰세요.

보기 ⓐ 儿 ⓑ 二 ⓒ 耳

❶ ◯ㅡ <u>ér</u>tóngjié

❷ ◯ㅡ <u>èr</u>shí hào

❸ ◯ㅡ <u>ěr</u>duo

3. 잘 듣고 성조를 표시하세요. 🎧 Track 17

❶

Jıntian er yue ershı hao.

❷

Jıntian wu yue wu hao, ertongjie.

18. er 37

⭐ 병음을 쓰면서 발음과 단어를 익혀 보세요.

3성 뒤에 1성

老師 선생님

lǎoshī

早安 안녕

zǎo'ān

3성 뒤에 2성

彩虹 무지개

cǎihóng

起床 일어나다

qǐchuáng

3성 뒤에 3성

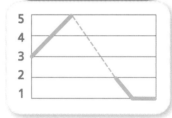

很好 아주 좋다

hěn hǎo

洗脸 세수하다

xǐliǎn

3성 뒤에 4성

跑步 달리다

pǎobù

礼物 선물

lǐwù

3성 뒤에 경성

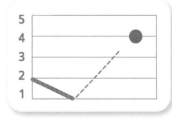

我们 우리들

wǒmen

你们 너희들

nǐmen

⭐ 정확한 발음과 성조를 기억하며 문제를 풀어 보세요.

1. 앞에 오는 3성의 위치를 표시해 보세요.

❶ 3성 뒤에 3성
❷ 3성 뒤에 2성
❸ 3성 뒤에 1성

2. 밑줄 친 부분이 2성으로 발음 되는 것을 모두 고르세요.

❶ hěn hǎo ☐

❷ cǎihóng ☐

❸ nǐmen ☐

❹ xǐliǎn ☐

3. 잘 듣고 성조를 표시하세요. 🎧 Track 18

❶

Nimen zao'an!

❷

Women paobu, nainai xilian.

Unit 20 一와 不의 성조변화

병음을 쓰면서 발음과 단어를 익혀 보세요.

一의 성조변화

 一(yī) 뒤에 **1성**
yì + 1성

 一天 하루
yìtiān

一(yī) 뒤에 **2성**
yì + 2성

一年 일년
yìnián

 一(yī) 뒤에 **3성**
yì + 3성

 一起 같이, 함께
yìqǐ

 一(yī) 뒤에 **4성**
yí + 4성

 一样 같다
yíyàng

不의 성조변화

 不(bù) 뒤에 **1성**
bù + 1성

 不吃 안 먹는다
bù chī

 不(bù) 뒤에 **2성**
bù + 2성

 不来 안 온다
bù lái

 不(bù) 뒤에 **3성**
bù + 3성

 不好 안 좋다
bù hǎo

 不(bù) 뒤에 **4성**
bú + 4성

 不去 안 간다
bú qù

정확한 발음과 성조를 기억하며 문제를 풀어 보세요.

1. 실제 발음되는 성조를 표시하세요.

❶ 一千
yi + 1성

❷ 一共
yi + 4성

❸ 不热
bu + 4성

2. '一'와 '不'의 성조가 2성으로 변하는 경우를 고르세요.

❶ 一百 — yibǎi

❷ 不忙 — bu máng

❸ 不用 — bu yòng

3. 잘 듣고 성조가 다른 것을 고르세요. 🎧 Track 19

❶ 一

一天 ☐   一样 ☐   一起 ☐

❷ 不

不吃 ☐   不好 ☐   不去 ☐

⭐ 듣기문제입니다. 🎧 Track 20

1 잘 듣고 그림에 알맞은 병음을 고르세요.

❶

c
—
s
| ídiǎn

❷

c
—
q
| ián

❸

z
—
zh
| ōngguó

2 잘 듣고 들려주는 발음에 ◯ 하세요.

❶
zǎo
zhǎo

❷
jì
zì

❸
cī
sī

3 잘 듣고 알맞은 성조를 표시하세요.

❶

Dongtian hen leng.

❷

Mama ai baba, mama ai wo.

4 잘 듣고 읽어주는 순서대로 번호를 쓰세요.

wǒ

wàzi

wēng

5 잘 듣고 빈칸에 알맞은 병음을 써 넣으세요.

❶

jiéh◯◯

❷
q◯◯zi

6 잘 듣고 빈칸에 공통으로 들어가는 병음을 쓰세요.(성조는 무시)

| ☐ duo | nǚ'☐ | ☐ tóngjié |

◯

7 잘 듣고 다음 단어에 성조를 표시하세요.

❶ ☐ yıqiān
❷ ☐ bu lái
❸ ☐ yıyàng
❹ ☐ bu rè

8 잘 듣고 밑줄 친 부분의 실제 발음이 나머지와 다른 것을 고르세요.

❶ qǐchuáng ◯
❷ hěn hǎo ◯
❸ lǐwù ◯
❹ nǐmen ◯

1 빈칸에 들어갈 알맞은 병음을 고르세요.

❶ | p | b | à

❷ | g | k | ùzi

❸ | t | d | iàowǔ

2 빈칸에 들어갈 알맞은 병음과 연결하세요.

❶ 몇	❷ 샤워하다	❸ 나이	❹ 가다
☐ǐ	☐ǐzǎo	☐uì	☐ù

| x | q | j | s |

3 공통으로 들어갈 병음을 쓰세요.

❶ ☐uān 배
zìxíng ☐ē 자전거

❷ ☐è 덥다
☐ìběn 일본

4 계산을 풀어 나온 병음을 쓰세요.

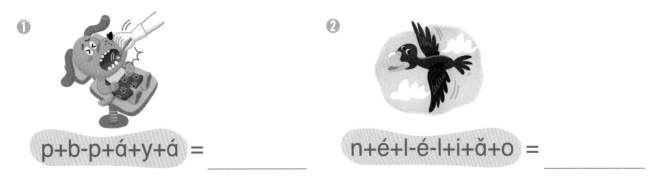

❶ p+b-p+á+y+á = _____

❷ n+é+l-é-l+i+ǎ+o = _____

5 u와 ü 중에 알맞은 것을 골라 성조와 함께 빈칸에 써 넣으세요.

❶ k◯

❷ b◯

❸ l◯sè

6 빈칸에 들어갈 병음을 찾아 연결하세요.

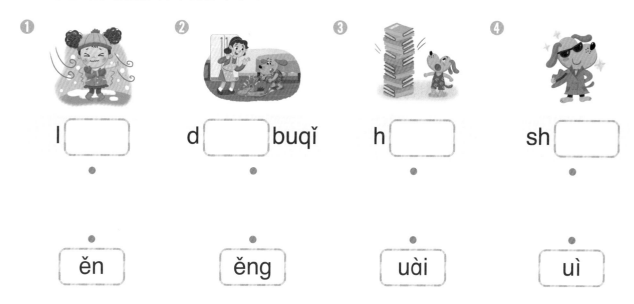

❶ l[　　]   ❷ d[　　]buqǐ   ❸ h[　　]   ❹ sh[　　]

•   •   •   •

•   •   •   •

ěn   ěng   uài   uì

7 잘못 쓰여진 부분을 골라 ◯ 하고, 바르게 쓰세요.

❶ Xiàxie!   ···▶ ＿＿＿＿＿＿＿＿＿

❷ Dueìbuqǐ!   ···▶ ＿＿＿＿＿＿＿＿＿

❸ Mǎi guānxi!   ···▶ ＿＿＿＿＿＿＿＿＿

1. 성조

■ 중국어에는 4가지 성조가 있다.

1성 2성 3성 4성

2. 경성

■ 짧고 가볍게 발음하는 것으로 앞의 성조에 따라 음의 높낮이가 달라진다.

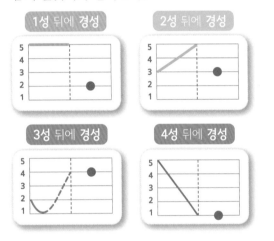

1성 뒤에 경성   2성 뒤에 경성

3성 뒤에 경성   4성 뒤에 경성

3. ü 위의 점

■ 'j, q, x, y' 뒤에 오는 'ü'는 점 2개를 떼고 'u'로 표기한다. 단, 발음은 그대로 'ü'로 한다.

4. 자음 없이 'i'로 음절이 시작할 때

■ 만약 'i'만 있으면 'i'를 'yi'로 바꾸어 준다. 'i' 뒤에 다른 모음이 있을 때는 'i'를 'y'로 바꾸어 표기한다.
i ⇨ yi, in ⇨ yin lia ⇨ ya, iao ⇨ yao

5. 자음 없이 'u'로 음절이 시작할 때

■ 'u'를 'w'로 바꾸어 준다. 만약 'u'만 온다면 'wu'로 표기한다.
ua ⇨ wa, uei ⇨ wei l u ⇨ wu

6. 자음 없이 'ü'로 음절이 시작할 때

■ 'ü' 뒤에 다른 모음이 있든 없든 앞에 'y'를 붙여준다. 이 때, 'ü' 위의 두 점은 생략한다.
ü ⇨ yu, üe ⇨ yue

7. 'i' 운모의 발음

■ 'zi, ci, si, zhi, chi, shi, ri'의 'i'는 [으] 발음이고, 'ji, qi, xi'의 'i'는 [이] 발음이다.

8. 3성의 성조 변화

■ 3성이 1,2,4성,경성 앞에 올 때와 3성이 연이어 올 때 발음이 다르다.

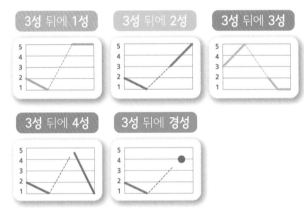

3성 뒤에 1성   3성 뒤에 2성   3성 뒤에 3성

3성 뒤에 4성   3성 뒤에 경성

9. '一', '不'의 성조 변화

■ '一'는 1,2,3성 앞에서 4성으로 읽는다. 4성 앞에서는 2성으로 읽는다.
yìtiān, yìnián, yìqǐ, yíyàng
■ '不'는 4성 앞에서 2성으로 읽는다.
bú rè

부록

듣기 스크립트

정답

색인

1과 _ _ _ _ _ _ _ _ 3p

3. ❶ ă ❷ ā ❸ à ❹ á

3과 _ _ _ _ _ _ _ _ 7p

3. 破

4과 _ _ _ _ _ _ _ _ 9p

3. ❶ 跑步 ❷ 拔牙 ❸ 慢

5과 _ _ _ _ _ _ _ _ 11p

3. ❶ 牛奶 ❷ 登山

6과 _ _ _ _ _ _ _ _ 13p

3. 高

7과 _ _ _ _ _ _ _ _ 15p

3. 今天星期几?
   今天星期三。

8과 _ _ _ _ _ _ _ _ 17p

3. ❶ 这是船。
   ❷ 她是日本人。

9과 _ _ _ _ _ _ _ _ 19p

3. 怎么样

10과 _ _ _ _ _ _ _ _ 21p

3. ❶ 爷爷看报。
   ❷ 妈妈爱爸爸, 妈妈爱我。

11과 _ _ _ _ _ _ _ _ 23p

3. ❶ 冬天 ❷ 空调

12과 _ _ _ _ _ _ _ _ 25p

3. ❶ 冬天很冷。
   ❷ 哥哥没有本子。

13과 _ _ _ _ _ _ _ _ 27p

3. ❶ 谢谢!
   ❷ 妈妈漂亮, 姐姐也漂亮。

14과 _ _ _ _ _ _ _ _ 29p

3. ❶ 弟弟听音乐。
   ❷ 明明想看电影。

15과 _ _ _ _ _ _ _ _ 31p

3. ❶ 外边刮风。
   ❷ 爸爸很帅, 妈妈很漂亮。

16과 _ _ _ _ _ _ _ _ 33p

3. ❶ 喜欢
   ❷ 春天
   ❸ 黄色

17과 _ _ _ _ _ _ _ _ 35p

3. ❶ 卷 ❷ 下雪

18과 _ _ _ _ _ _ _ _ 37p

3. ❶ 今天二月二十号。
   ❷ 今天五月五号, 儿童节。

19과 _ _ _ _ _ _ _ _ 39p

3. ❶ 你们早安。
   ❷ 我们跑步, 奶奶洗脸。

20과 _ _ _ _ _ _ _ _ 41p

3. ❶ 一天, 一样, 一起
   ❷ 不吃, 不好, 不去

단 원 평 가 ❶ 42-43p

1 ❶ 词典 ❷ 钱 ❸ 中国
2 ❶ zǎo ❷ zì ❸ sī
3 ❶ 冬天很冷。
  ❷ 妈妈爱爸爸, 妈妈爱我。
4 ❶ 翁 ❷ 袜子 ❸ 我
5 ❶ 结婚 ❷ 裙子
6 耳朵, 女儿, 儿童节
7 ❶ 一千 ❷ 不来
  ❸ 一样 ❹ 不热
8 ❶ 起床 ❷ 很好
  ❸ 礼物 ❹ 你们

연습문제 정답

1과

⭐ 정확한 발음과 성조를 기억하며 문제를 풀어 보세요.

1. 빈칸에 들어갈 알맞은 병음을 쓰세요.

 엄마   아빠   말

m + ā = mā   b + à = bà   m + ǎ = mǎ

2. 단어를 큰소리로 읽고 몇 성인지 선으로 연결하세요.

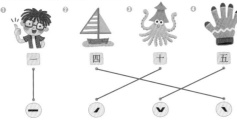

一　四　十　五

一　／　∨　＼

3. 잘 듣고 알맞은 성조를 숫자로 쓰세요. Track 01

 3　 1　 4　2

1. 성조 익히기 3

2과

⭐ 정확한 발음과 성조를 기억하며 문제를 풀어 보세요.

1. 빈칸에 들어갈 알맞은 병음을 쓰세요.

 엄마   할아버지   아빠

mām + a = māma   yéy + e = yéye   bàb + a = bàba

2. 주어진 단어를 큰 소리로 읽고 단어의 음높이를 표시해 보세요.

jiějie   gēge   dìdi

3. 그림을 보고 빈칸에 알맞은 병음을 써 넣으세요.

m ā m a　b à b a　y é y e

2. 경성 익히기 5

3과

⭐ 정확한 발음과 성조를 기억하며 문제를 풀어 보세요.

1. 빈칸에 들어갈 알맞은 병음을 쓰세요.

 마시다   너   무서워하다

h + ē = hē   n + ǐ = nǐ   p + à = pà

2. 그림을 보고 알맞은 병음에 ◯ 하세요.

 k ǔ / ū   l ù / ù̀ sè

3. 잘 듣고 그림에 알맞은 병음을 고르세요. Track 02

p — ō / ó / ǒ / ⓞ̀

3. aoeiuü 7

4과

⭐ 정확한 발음과 성조를 기억하며 문제를 풀어 보세요.

1. 빈칸에 들어갈 알맞은 병음을 쓰세요.

 꿀   100   사다

f + ēngmì   b + ǎi   m + ǎi

2. 맞는 병음을 고르고 큰 소리로 읽어 보세요.

Wǒ fù/ⓑ̀ù mǎi bíng/píng guǒ, bǎi/mǎi fēngmì.

Wǒ ⓟ̀à/bà bó/bá yá.

3. 잘 듣고 빈칸에 알맞은 병음을 쓰세요. Track 03

 p ǎo b ù　 b áyá　 m àn

4. bpmf 9

정답 49

연 습 문 제 정 답

5과

정확한 발음과 성조를 기억하며 문제를 풀어 보세요.

1. 빈칸에 들어갈 알맞은 병음을 쓰세요.

❶ 피곤하다 l + èi = __lèi__
❷ 모두 d + ōu = __dōu__
❸ 새 n + iǎo = __niǎo__

2. 빈칸에 공통으로 들어갈 병음을 쓰세요.

❶ □iàowǔ □iānqì → t
❷ □ēngshān □ōu → d

3. 잘 듣고 알맞은 발음에 ✓하세요. (Track 04)

❶ liúnǎi ☐ / niúnǎi ✓ / diúnǎi ☐
❷ dēngshān ✓ / tēngshān ☐ / lēngshān ☐

5. dtnl 11

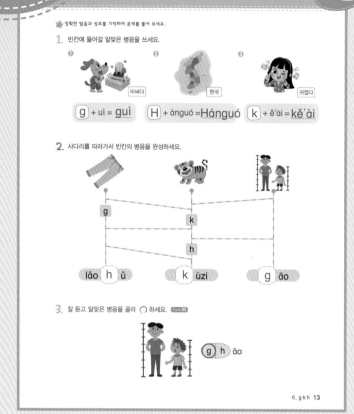

6과

정확한 발음과 성조를 기억하며 문제를 풀어 보세요.

1. 빈칸에 들어갈 알맞은 병음을 쓰세요.

❶ 비싸다 g + uì = __guì__
❷ 한국 H + ánguó = __Hánguó__
❸ 귀엽다 k + ě'ài = __kě'ài__

2. 사다리를 따라가서 빈칸의 병음을 완성하세요.

g   k
     h

lǎo h ǔ   k ùzi   g āo

3. 잘 듣고 알맞은 병음을 골라 ◯하세요. (Track 05)

(g) h āo

6. g k h 13

7과

정확한 발음과 성조를 기억하며 문제를 풀어 보세요.

1. 빈칸에 들어갈 알맞은 병음을 쓰세요.

❶ 몇 j + ǐ = __jǐ__
❷ 요일 x + īngqī = __xīngqī__
❸ 돈 q + ián = __qián__

2. 빈칸에 들어갈 병음이 다른 것을 골라 ✓하세요.

❶ j iǎndāo / j ǐ / x īngqī ✓
❷ x iāngshuǐ ✓ / q ián / q ù

3. 잘 듣고 빈칸에 들어갈 병음을 쓰세요. (Track 06)

J īntiān x īng q ī j ǐ?
J īntiān x īng q īsān.

7. j q x 15

8과

정확한 발음과 성조를 기억하며 문제를 풀어 보세요.

1. 빈칸에 들어갈 알맞은 병음을 쓰세요.

❶ 배 ch + uán = __chuán__
❷ 책 sh + ū = __shū__
❸ 덥다 r + è = __rè__

2. 맞는 글자를 고르세요.

❶ (zhàn) zhān
❷ sénme (shénme)
❸ (Rìběn) Lìběn

3. 잘 듣고 내용에 알맞은 말을 고르세요. (Track 07)

❶ Zhè shì chuán. ✓ / Zhè shì zìxíngchē. ☐
❷ Tā shì Zhōngguórén. ☐ / Tā shì Rìběnrén. ✓

8. zh ch sh r 17

9과

정확한 발음과 성조를 기억하며 문제를 풀어 보세요.

1. 빈칸에 들어갈 알맞은 병음을 쓰세요.

 더럽다   사전   청소하다

Z + āng = zāng   C + ídiǎn = cídiǎn   dǎ + S + ǎo = dǎsǎo

2. 빈칸에 들어갈 알맞은 병음을 고르세요.

Wǒ xiǎng ⃝ cǎoméi.   Nǐ jīnnián ⃝ suì?

qī (chī) cī   qǐ (jǐ) zǐ

3. 잘 듣고 그림에 알맞은 병음을 고르세요. Track 08

zhěnmeyàng ☐
zěnmeyàng ✓

9. z c s 19

10과

정확한 발음과 성조를 기억하며 문제를 풀어 보세요.

1. 빈칸에 들어갈 알맞은 병음을 쓰세요.

 사탕   산   바다

t + áng = táng   sh + ān = shān   h + ǎi = hǎi

2. 그림 힌트를 보고 퍼즐을 완성하세요.

k + àn = kàn   p + àng = pàng

3. 잘 듣고 중간에 들어갈 병음을 쓰세요. Track 07

Yéye kàn bào.   Māma ài bàba,
māma ài wǒ.

10. ai ao an ang 21

11과

정확한 발음과 성조를 기억하며 문제를 풀어 보세요.

1. 빈칸에 들어갈 알맞은 병음을 쓰세요.

 머리   아프다   강아지

t + óu = tóu   t + òng = tòng   xiǎo + g ǒu = xiǎogǒu

2. 빈칸에 들어갈 알맞은 병음의 기호를 쓰세요.

ⓐ òng ⓑ ǒu ⓒ óu

Xiǎog ⓑ k ⓑ kě.   Nǎinai t ⓒ t ⓐ.

3. 잘 듣고 성조를 표시하세요. Track 10

dongtian   kongtiao

11. ou ong 23

12과

정확한 발음과 성조를 기억하며 문제를 풀어 보세요.

1. 빈칸에 들어갈 알맞은 병음을 쓰세요.

 매우   비행기   기다리다

h + ěn = hěn   f + ēi + jī = fēijī   d + ěng = děng

2. 빈칸에 들어갈 병음을 골라 연결하세요.

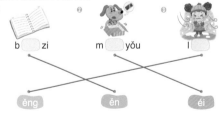

b ⃝ zi   m ⃝ yǒu   l ⃝

èng   ěn   éi

3. 잘 듣고 잘못 쓰여진 병음을 찾아 바르게 고치세요. Track 11

 Dōngtiān hěng léng.   ⓒ ... ěn

 Gēge máiyǒu běnzi.   ⓑ ... éi

12. ei en eng 25

정답 51

연습문제 정답

정확한 발음과 성조를 기억하며 문제를 풀어 보세요.

1. 빈칸에 들어갈 알맞은 병음을 쓰세요.

① 집 ② 있다 ③ 지하철

j + iā = jiā   y + ǒu = yǒu   dì + t + iě = dìtiě

2. 힌트를 보고 암호를 풀어 보세요.

ⓐ t ⓑ iǎo ⓒ iān ⓓ ǒu ⓔ iū ⓕ q ⓖ sh ⓗ b ⓘ x ⓙ ià

① ⓙⓙ ⓐⓒ xiàtiān
② ⓕⓔⓐⓒ qiūtiān
③ ⓖⓓⓗⓑ shǒubiǎo

3. 잘 듣고 알맞은 병음에 ○ 하세요.

① Xià (Xiè) xie!
② Māma (piòu / piào) liang, jiějie yě piàoliang.

13. ia iao ie iu 27

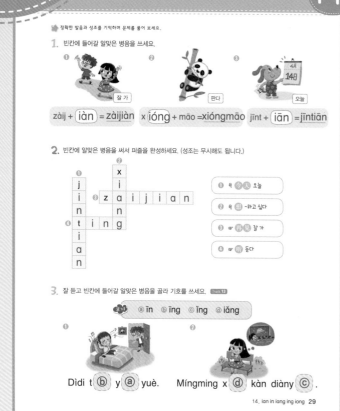

정확한 발음과 성조를 기억하며 문제를 풀어 보세요.

1. 빈칸에 들어갈 알맞은 병음을 쓰세요.

① 잘 가 ② 판다 ③ 오늘

zàij + iàn = zàijiàn   x ióng + māo =xióngmāo   jīnt + iān =jīntiān

2. 빈칸에 알맞은 병음을 써서 퍼즐을 완성하세요. (성조는 무시해도 됩니다.)

(퍼즐: jintian 세로, zaijian 가로, xiang 세로, ting 가로)

① 오늘
② ~하고 싶다
③ 잘 가
④ 듣다

3. 잘 듣고 빈칸에 들어갈 알맞은 병음을 골라 기호를 쓰세요.

ⓐ īn ⓑ īng ⓒ ǐng ⓓ iǎng

① Dìdi t ⓑ y ⓐ yuè.
② Míngming x ⓓ kàn diànyǐng ⓒ.

14. ian in iang ing iong 29

정확한 발음과 성조를 기억하며 문제를 풀어 보세요.

1. 빈칸에 들어갈 알맞은 병음을 쓰세요.

① 양말 ② 숙제 ③ 멋있다

wà + zi =wàzi   z + uò + yè =zuòyè   sh + uài =shuài

2. 밑줄 친 발음과 같은 소리가 나는 병음을 보기에서 골라 기호를 쓰세요.

ⓐ ua ⓑ uo ⓒ uai ⓓ ui

① wo → ⓑ ② wei → ⓓ ③ waibian → ⓒ ④ wazi → ⓐ

3. 잘 듣고 빈칸에 들어갈 병음을 쓰세요.

① Wàibian g uā f ēng.
② Bàba hěn sh uài, māma hěn p iào liang.

15. ua uo uai ui 31

정확한 발음과 성조를 기억하며 문제를 풀어 보세요.

1. 빈칸에 들어갈 알맞은 병음을 쓰세요.

① 좋아하다 ② 노란색 ③ 결혼

xǐ + uan =xǐhuan   h + uáng + sè=huángsè   jiéh + ūn =jiéhūn

2. 틀린 부분을 찾아 고쳐 보세요.

① Méi guenxi! → guānxi
② Wǒ hěn xǐhuan chuentian. → chūntiān

3. 잘 듣고 빈칸에 들어갈 병음을 쓰세요.

① xǐ huan ② chūn tiān ③ huáng sè

16. uan un uang ueng 33

연습문제 정답

17과

정확한 발음과 성조를 기억하며 문제를 풀어 보세요.

1. 빈칸에 들어갈 알맞은 병음을 쓰세요.

 멀다   공부하다   치마

y + uǎn = yuǎn   x + ué + xí = xuéxí   q + ún + zi = qúnzi

2. 그림을 보고 알맞은 동작을 보기에서 골라 써 넣으세요.

보기   xuéxí   qúnzi   xiàxuě   yùndòng

Gēge xǐhuan yùndòng,

wǒ xǐhuan xuéxí .

3. 잘 듣고 맞는 발음에 ✓ 하세요. Track 16

①
juěn ☐
juǎn ✓

②
xiàxǔn ☐
xiàxuě ✓

17. üe ün üan 35

18과

정확한 발음과 성조를 기억하며 문제를 풀어 보세요.

1. 빈칸에 들어갈 알맞은 병음을 쓰세요.

 귀   2월   딸

ěr + duo = ěrduo   èr + yuè = èr yuè   nǚ + ér = nǚ'ér

2. 밑줄 친 부분에 해당하는 한자를 보기에서 골라 기호를 쓰세요.

보기   ⓐ 儿 ⓑ 二 ⓒ 耳

①   ②   ③

ⓐ → értóngjié   ⓑ → èrshí hào   ⓒ → ěrduo

3. 잘 듣고 성조를 표시하세요. Track 17

① ‾ ‾ ˋ ˋ ˋ ˋ ˊ
Jīntiān èr yuè èrshí hào.

② ‾ ˊ ˋ ˊ ˋ ˊ ˊ ˊ
Jīntiān wǔ yuè wǔ hào, értóngjié.

18. er 37

19과

정확한 발음과 성조를 기억하며 문제를 풀어 보세요.

1. 앞에 오는 3성의 위치를 표시해 보세요.

① 3성 뒤에 3성   ② 3성 뒤에 2성   ③ 3성 뒤에 1성

2. 밑줄 친 부분이 2성으로 발음 되는 것을 모두 고르세요.

① hěn hǎo ✓   ② cǎihóng ☐

③ nǐmen ☐   ④ xǐliǎn ✓

3. 잘 듣고 성조를 표시하세요. Track 18

①  ˇ ˇ ‾
Nǐmen zǎo'an!

②  ˇ ˇ ˇ ˇ ˇ
Wǒmen pǎobù, nǎinai xǐliǎn.

19. 3성의 성조변화 39

20과

정확한 발음과 성조를 기억하며 문제를 풀어 보세요.

1. 실제 발음되는 성조를 표시하세요.

① 一千   ② 一共   ③ 不热

yì + 1성   yí + 4성   bú + 4성

2. '一'와 '不'의 성조가 2성으로 변하는 경우를 고르세요.

① 一百 yìbǎi   ② 不忙 bu máng   ③ (不用 bu yòng)

3. 잘 듣고 성조가 다른 것을 고르세요. Track 19

① 一
一天 ☐   一样 ✓   一起 ☐

② 不
不吃 ☐   不好 ☐   不去 ✓

20. 一와 不의 성조변화 41

정답 53

연습문제 정답

단원평가 1

단 원 평 가 ① ★듣기문제입니다.

1 잘 듣고 그림에 알맞은 병음을 고르세요. Track 20

①
ⓒ / s ídiǎn

②
c / ⓠ ián

③
z / ⓩⓗ ōngguó

2 잘 듣고 들려주는 발음에 ○하세요. Track 21

① zǎo Ⓞ
zhǎo

② jì
zì Ⓞ

③ cī
sī Ⓞ

3 잘 듣고 알맞은 성조를 표시하세요. Track 22

①
— ˇ ˇ
Dongtian hen leng.

②
— ˋ — — ˋ ˇ
Mama ai baba, mama ai wo.

4 잘 듣고 읽어주는 순서대로 번호를 쓰세요. Track 23

wǒ — 3   wàzi — 2   wēng — 1

5 잘 듣고 빈칸에 알맞은 병음을 써 넣으세요. Track 24

①
jiéh ⓤ n

②
q ⓤ́ n zi

6 잘 듣고 빈칸에 공통으로 들어가는 병음을 쓰세요.(성조는 무시) Track 25

☐ duo   nǚ'☐   ☐ tóngjié

er

7 잘 듣고 다음 단어에 성조를 표시하세요. Track 26

① yìqiān ② bù lái ③ yíyàng ④ bú rè

8 잘 듣고 밑줄 친 부분의 실제 발음이 나머지와 다른 것을 고르세요. Track 27

①   ②   ③   ④
qǐchuáng hěn hǎo lǐwù nǐmen
☐ ☑ ☐ ☐

 42 어린이 중국어 발음 쓰기노트

단원평가 ❶ 43

단원평가 2

단 원 평 가 ② ★쓰기문제입니다.

1 빈칸에 들어갈 알맞은 병음을 고르세요.

①
ⓟ / b à

②
g / ⓚ ùzi

③
t / ⓓ làowǔ

2 빈칸에 들어갈 알맞은 병음과 연결하세요.

① 몇 [ ]ǐ
② 사워하다 [ ]ǐzǎo
③ 나이 [ ]uì
④ 가다 [ ]ù

x   q   j   s

3 공통으로 들어갈 병음을 쓰세요.

① [ ]uān 배
zìxíng[ ]ē 자전거 — ch

② [ ]è 덥다
[ ]ìběn 일본 — r

4 계산을 풀어 나온 병음을 쓰세요.

①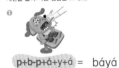
p+b-p+á+y+á = báyá

②
n+é+l-é-l+i+ǎ+o = niǎo

5 u와 ü 중에 알맞은 것을 골라 성조와 함께 빈칸에 써 넣으세요.

①
k ū

②
b ù

③
l ǜ sè

6 빈칸에 들어갈 병음을 찾아 연결하세요.

① l[ ] ② d[ ]buqǐ ③ h[ ] ④ sh[ ]

ěn   ěng   uài   uì

7 잘못 쓰여진 부분을 골라 ○하고, 바르게 쓰세요.

① Ⓧⓘàxie! ···→ Xiè
② Ⓓⓤⓔibuqǐ! ···→ Duì
③ Ⓜⓐⓘguānxi! ···→ Méi

 44 어린이 중국어 발음 쓰기노트

단원평가 ❷ 45

54 新 니하오 어린이 중국어 발음 쓰기노트